DISSOUDRE
UNE ASSOCIATION
LOI 1901

Ouvrage disponible également au format ebook sur www.association1901.fr/librairie

LAURENT SAMUEL

DISSOUDRE
UNE ASSOCIATION LOI 1901

UNE FORMALITÉ SIMPLE ET SÉCURISÉE
POUR METTRE FIN À VOTRE ASSOCIATION

- Les Editions Associatives-

AVEC DES MODÈLES DE :

- Convocation à l'assemblée générale de dissolution

- Feuille d'émargement

- Procès-verbal de l'assemblée de dissolution

- Formulaire CERFA 13972-02

- Lettre à la DDCS

- Lettre à la banque

- Lettre aux partenaires

- Lettre à l'organisme bénéficiaire du boni de liquidation

SOMMAIRE

POURQUOI ET COMMENT METTRE FIN À VOTRE ASSOCIATION LOI 1901

POURQUOI METTRE FIN À L'ASSOCIATION ?

Mettre fin à l'association fait quelques fois partie du travail des dirigeants.

Parce que le projet est arrivé à son terme, qu'il s'est essoufflé, qu'il a été submergé par les difficultés financières, il faut mettre fin à l'association, en procédant à la liquidation et la dissolution de la personne morale.

L'ASSOCIATION EN SOMMEIL, UNE SOLUTION PEU SATISFAISANTE

De (trop) nombreuses associations régies par la loi de 1901 restent en sommeil, c'est-à-dire ne procèdent pas à leur dissolution, après avoir mis fin à leurs activités. En soi, cela n'a rien de dramatique, mais la situation n'est pas « propre » sur le plan juridique et les dirigeants de l'association en sommeil ne peuvent pas considérer qu'ils sont définitivement « débarrassés » des responsabilités qu'ils ont endossées.

Une association « en sommeil » peut toujours devenir une source de tracas pour ses dirigeants. Même si plus personne ne se préoccupe de l'association, il subsiste une raison sociale, l'inscription en préfecture, éventuellement un compte bancaire, autant d'éléments qui peuvent être source de quiproquos, voire de fraudes, autant de tracas potentiels et éventuellement le risque d'engager la responsabilité des dirigeants.

On ne saurait donc trop conseiller de conserver l'association en sommeil que pour une durée limitée. Les responsables préféreront à moment donné réunir l'assemblée pour procéder à la dissolution de la personne morale, mettant ainsi un terme définitif à l'association et à leur mandat social.

LE TERME EST ATTEINT, L'OBJET RÉALISÉ OU DEVENU IMPOSSIBLE

Certains statuts d'association prévoient un terme, une date fixe, ou bien une durée de vie limitée pour l'association. C'est également le cas pour les associations dont l'objet est réalisé, par exemple les structures créées pour un événement particulier.

Dans ces cas, les dirigeants ont l'obligation de déclarer dans les 3 mois la nouvelle situation à la préfecture compétente.

Si le terme est atteint ou l'objet réalisé, il n'y a pas à proprement parler de nécessité de se prononcer en assemblée pour une dissolution. La dissolution est de droit, la conséquence automatique des modalités statutaires. Une fois le terme atteint, il suffit de la constater.

Pour poursuivre ses activités et continuer son existence légale, l'association se trouvant dans ce cas devra réunir ses membres en assemblée, pour se prononcer sur une modification de ses statuts autorisant la poursuite du projet. Une telle résolution peut être soumise à l'assemblée ordinaire. Si elle n'est pas adoptée, l'association sera dissoute de plein droit.

NE PAS DÉGUISER UNE FAILLITE EN DISSOLUTION VOLONTAIRE

Certaines associations manient des budgets importants, quelque fois d'origine privée, le plus souvent des fonds publics. Si l'association connaît des difficultés financières et que sa solvabilité devient douteuse, les dirigeants ont l'obligation de « siffler rapidement la fin de la partie » (voir plus loin les obligations des dirigeants d'une association en cessation de paiement). Il faut tout faire pour éviter l'aggravation du passif. Il est alors déconseillé de procéder à la dissolution volontaire de l'association mais plutôt de demander l'ouverture d'une procédure de liquidation judiciaire. Lorsque le budget de l'association est significatif, il faut se préserver en agissant avec discernement. La prudence commande de ne pas décider seul : réunissez vos administrateurs, convoquez le directeur salarié, saisissez vos autorités de tutelle, demandez l'avis de votre expert-comptable…

Face à des difficultés structurelles et insurmontables et sans réelles perspectives de redressement, il vaut mieux provoquer la fin de cette association. La responsabilité personnelle des dirigeants pourrait être mise en cause s'ils avaient sciemment laisser perdurer une situation sans issue.

Une fois tout le monde convaincu, le Président et/ou un groupe de bénévoles mandatés à cet effet pourront effectuer les formalités auprès du greffe du Tribunal de Grande Instance.

COMMENT MEURENT LES ASSOCIATIONS ?

La plupart du temps, on pratique une dissolution volontaire de l'association qui correspond à sa liquidation amiable. C'est la procédure que nous décrivons dans cet ouvrage, mais dans certaines circonstances, elle n'est pas adaptée.

Tout d'abord, il faut citer le cas des associations dont les statuts prévoient un terme. La durée de vie de l'association est alors limitée à un certain nombre d'années ou une date précise. Une fois ce terme atteint, l'association est alors dissoute de plein droit. Point n'est besoin de voter la dissolution en assemblée générale ; il suffit de constater l'arrivée du terme (voir ci-dessus). C'est également le cas pour les associations dont l'objet est réalisé, par exemple les structures créées pour un événement particulier.

Lorsque l'association est importante et qu'elle est déchirée par des conflits ou une crise interne, la dissolution amiable peut être rendue impossible par l'obstruction de certains membres ou l'importance des enjeux en cause. Les dirigeants dans ce cas préféreront certainement saisir le tribunal pour obtenir une dissolution judiciaire. Les opérations seront alors conduites par un liquidateur agissant sous l'autorité et le contrôle du juge.

LA DISSOLUTION VOLONTAIRE, UNE FORMALITÉ BANALE SAUF SI...

En principe, procéder à la dissolution d'une association n'est pas bien compliqué. Il suffit de relire les dispositions des statuts, convoquer la bonne assemblée générale et prendre la décision de dissoudre. Ensuite on remplit un formulaire administratif que l'on transmet à la préfecture et le tour est joué.

Toutefois, dans certains cas, la dissolution doit être entourée de précautions, éventuellement reportée.

ASSOCIATIONS EN CESSATION DE PAIEMENT

Lorsque l'association est en cessation de paiement, nous déconseillons de procéder à sa dissolution amiable, celle-ci pourrait être considérée par la suite comme frauduleuse, attentatoire aux intérêts des créanciers. Dans ce cas, la priorité n'est pas de mettre fin à la structure juridique, mais de saisir le tribunal pour qu'il ouvre une procédure de redressement ou de liquidation. On se souvient que la cessation de paiement doit être déclarée dans les 45 jours de sa constatation. La dissolution de l'association sera prononcée par le juge à l'issue de la procédure et la liquidation sera effectuée par un mandataire judiciaire, déchargent les dirigeants de cette tache ingrate.

Les dirigeants d'une association en difficultés financières ne doivent pas chercher à camoufler la faillite dans une dissolution amiable de l'association; ils engageraient leur responsabilité. Si aucune solution n'est envisageable pour désintéresser les créanciers, il faudra « déposer le bilan » de l'association et demander au Tribunal l'ouverture d'une procédure de liquidation judiciaire.

Face à l'insolvabilité constatée de la structure, les dirigeants doivent alerter les autorités judiciaires et éviter toute aggravation du passif. Ils doivent renoncer à présenter au banquier un plan de redressement irréaliste pour obtenir le crédit de la dernière chance, s'abstenir de tout montage improbable pour convaincre in extremis un nouveau partenaire financier. Il faut bien entendu s'interdire d'injecter dans l'association des deniers personnels et éviter toute décision hâtive à propos de la cession des actifs de l'association. Ce genre de décision visant à restaurer la trésorerie suppose un large consensus au niveau de la collectivité associative, idéalement une décision d'AG.

Les dirigeants d'une structure en cessation de paiement s'abstiendront donc de procéder à une dissolution amiable et préfèreront saisir rapidement le tribunal pour que celui-ci ouvre une procédure. Le « dépôt de bilan » de l'association doit se faire à l'initiative des dirigeants, auprès du Tribunal de Grande Instance, dans les quarante cinq jours à compter de la constatation de la cessation des paiements. La déclaration de cessation de paiements se fait au moyen du formulaire CERFA 10530 qui est en principe disponible auprès de tous les greffes.

ASSOCIATION EMPLOYEUR

Si l'association emploie des salariés, il nous paraît préférable de mettre fin aux contrats de travail avant de procéder à la dissolution. Le liquidateur amiable de l'association n'est en effet pas dans la meilleure position pour procéder au licenciement des salariés ou négocier une rupture amiable.

ASSOCIATION PARTENAIRE DES POUVOIRS PUBLICS

Si l'association est engagée envers des partenaires (notamment des dispensateurs de subvention), il faut leur notifier l'intention de dissoudre l'association et négocier avec eux les conditions de « sortie » du partenariat. Ceci est particulièrement important pour les associations subventionnées qui ont pris vis-à-vis de leurs partenaires publics l'engagement de conduire des actions ou des projets.

Si l'association ne termine pas les projets envisagés dans la convention de subvention, le partenaire public est en droit de réclamer la partie non consommée des subventions et il serait du plus mauvais effet qu'il trouve l'association dissoute à ce moment. Si votre association n'est plus en mesure de réaliser les projets financés par l'administration et qu'elle a consommé la trésorerie des subventions, les dirigeants auront tout intérêt à rester discrets car ils sont dans une situation qui peut s'avérer délicate et mettre en jeu leur responsabilité personnelle.

SITUATIONS CONFLICTUELLES

Si l'association connaît une situation conflictuelle, notamment si certains des membres s'opposent à la dissolution de l'association, il existe un risque que la procédure de dissolution soit contestée par la suite. Il est alors indispensable de pouvoir fournir la preuve que la dissolution s'est déroulée de manière strictement conforme aux exigences des statuts. L'association est un organisme composé d'individualités et il peut arriver qu'un conflit éclate entre les membres à propos de la décision à prendre.

Ce sont en général les dirigeants, voire le Conseil d'administration, qui disposent du pouvoir de convoquer l'assemblée de l'association ; personne n'est donc fondé à leur contester le droit de solliciter la dissolution de l'organisme.

Lorsque le conflit à propos du devenir de l'association devient endémique ou bien qu'il déclenche des réactions passionnelles ou déraisonnables, il vaut mieux saisir le juge pour trancher le litige. Ni l'administration, ni aucun organisme consulaire ne sont habilités à trancher les contentieux associatifs ; ces contentieux sont de la seule compétence du Tribunal de Grande Instance (ou du tribunal des Prud'hommes pour les conflits du travail). Avant de saisir le juge, on tentera une conciliation amiable, en s'adressant au tribunal de proximité pour obtenir la liste des conciliateurs de justice.

ASSOCIATION PRÉSENTANT DES ENJEUX SOCIAUX, POLITIQUES OU PATRIMONIAUX

Lorsque le sort de l'association présente des enjeux d'importance (utilité collective, emplois, patrimoine immobilier), il paraît préférable de renoncer à la dissolution amiable et de saisir le tribunal pour obtenir une dissolution judiciaire. Les opérations seront alors conduites par un liquidateur (éventuellement un professionnel extérieur à l'association) agissant sous l'autorité et le contrôle du juge. Cela évitera aux dirigeants en poste d'affronter les critiques et de mettre en jeu leur responsabilité

Dans toutes les autres situations, on peut en principe procéder à une dissolution volontaire (ou liquidation amiable) en respectant les consignes données ci-après.

QUELS SONT LES ENJEUX DU FORMALISME JURIDIQUE ?

Tout au long de ce petit livre, nous vous invitons de manière assez « ferme » à respecter un formalisme juridique qui paraîtra à certains plutôt tatillon, voir carrément inutile.

Vous vous demandez si tout cela est bien nécessaire pour une simple formalité administrative à propos d'une association qui souvent n'intéresse plus personne depuis bien longtemps.

Afin de déterminer le niveau de rigueur juridique à appliquer, vous devez être conscient des risques et des enjeux de la procédure de dissolution que vous envisagez.

Comme dans tout dossier juridique, les risques sont strictement proportionnels aux enjeux économiques et sociaux qui sont en cause.

QUELS SONT LES RISQUES ?

Le risque juridique est essentiellement que quelqu'un (un membre de l'association mais aussi une personne extérieure) conteste la validité de la dissolution parce qu'il estime en subir un préjudice. Pour contester la décision de l'AG, il faudra que cette personne mécontente saisisse le tribunal (le TGI), ce qui suppose malgré tout une certaine motivation (ou des enjeux significatifs pour lui).

Un fois le tribunal saisi, le juge va vérifier de manière très précise le déroulement des formalités de liquidation et s'assurer que celles-ci sont bien conformes à ce qui est prévu dans les statuts. Le juge ne se prononce pas bien-entendu sur l'opportunité de dissoudre l'association mais uniquement sur le respect des règles statutaires et des principes généraux du droit associatif, le cas échéant. Si la procédure de dissolution a connu une lacune (essentiellement par rapport aux exigences statutaires), le juge l'annulera et d'un point de vue juridique, on se retrouvera dans la situation qui prévalait avant la dissolution.

Dans certains cas extrêmes, le juge peut estimer que la dissolution est frauduleuse, c'est-à-dire qu'elle a été organisée volontairement pour léser les intérêts de certaines personnes. C'est par exemple possible si la dissolution volontaire a été conduite malgré la présence de dettes que l'association n'est pas en mesure d'honorer ou si la dissolution a été conduite par des dirigeants qui souhaitaient détourner des actifs ou les adhérents de l'ancienne association au profit d'une nouvelle. Selon les cas, la dissolution frauduleuse pourra être annulée par les juges et les auteurs de cette fraude –les dirigeants qui ont volontairement lésés des tiers- condamnés à des dommages-intérêts et éventuellement sanctionnés sur le plan pénal (ce qui suppose une autre action en justice devant le tribunal correctionnel).

Voilà pour les risques juridiques. Ils existent et il faut les connaître.

Si l'association à dissoudre n'a pas de patrimoine, aucune dette, qu'elle a cessé ses activités depuis longtemps et que plus personne (à part vous) ne se souvient de son existence, la dissolution est effectivement une simple formalité administrative et il y a peu (ou pas) de risque que quelqu'un vienne un jour la contester et vous demander des comptes.

En l'absence de fraude et sous réserve de respecter les dispositions statutaires, la dissolution doit être considérée comme une formalité parfaitement banale, simple et rapide à mettre en œuvre.

Dans cette situation, votre objectif est simplement de produire quelques « papiers » (un procès-verbal en bonne et due forme signé par deux dirigeants de droit, la feuille d'émargement de l'AG et le formulaire CERFA 13972) conformes aux exigences de l'administration ; ces documents permettront d'entériner d'un point de vue administratif la disparition de l'association.

ORGANISER
LA DISSOLUTION
VOLONTAIRE
D'UNE ASSOCIATION

COMMENT PRÉPARER
LA DISSOLUTION VOLONTAIRE ?

Avant d'entamer les formalités à proprement parler, il est nécessaire de préparer le projet de dissolution, notamment si l'association avait une certaine dimension ou conduisait encore récemment ses activités.

PARTAGER EN INTERNE LA NÉCESSITÉ
DE DISSOUDRE L'ASSOCIATION

Votre association connaît des difficultés ; la situation est tendue. Vous fonctionnez dans l'urgence, vous êtes confrontés à des décisions difficiles. Les enjeux peuvent être importants : vous pensez aux fondateurs de l'association, à vos amis bénévoles, aux salariés, aux heures et aux heures passées, bref vous êtes envahi par vos émotions.

En tant que dirigeant, vous avez une vision globale des affaires de l'association et vous vous êtes persuadé de la nécessité d'y mettre fin. Mais ce n'est peut-être pas le cas de tous les membres de votre association. La dissolution doit être relativement consensuelle, sauf à prendre le risque de soulever des opposants qui peuvent vous mettre des « bâtons dans les roues ».

Il vaut donc mieux communiquer sur le projet de dissolution le plus en amont possible et expliquer aux parties prenantes vos raisons, vos motivations.

Après avoir constaté que l'association n'a plus d'avenir économique (demandez éventuellement un avis d'expert pour cela), il faut se résoudre à sa disparition. Si le constat est sans appel et les difficultés insurmontables, rien ne sert de prolonger artificiellement l'existence de l'association.

METTRE FIN AUX ACTIVITÉS DE L'ASSOCIATION DE MANIÈRE DÉFINITIVE

Pour les dirigeants, il peut être dangereux sur un plan juridique de maintenir des activités dans une association dissoute. Pour vous prémunir contre ce risque, le mieux est de cesser toute activité dans l'association AVANT de procéder à la dissolution.

CLÔTURER LA COMPTABILITÉ DE L'ASSOCIATION

Lors de l'assemblée générale de dissolution, il est d'usage de présenter les comptes si l'association les tient de manière habituelle. Les membres seront plus enclins à voter la dissolution si la situation financière de l'association est claire. Par ailleurs, l'établissement des comptes peu avant la liquidation permet d'obtenir un état à jour des dettes, des créances et du patrimoine de l'association, ce qui facilitera la tâche du liquidateur.

Pour une association astreinte à la tenue d'une comptabilité, par le loi ou par la volonté des statuts, le fait de procéder à la dissolution volontaire de l'association sans avoir établi préalablement ses comptes serait constitutif d'une faute de gestion des dirigeants, susceptible d'engager leur responsabilité personnelle en cas d'insuffisance d'actif.

METTRE FIN AUX CONTRATS CONCLUS PAR L'ASSOCIATION

Dans la même optique, il est préférable de mettre fin aux différents contrats conclus par l'association AVANT de procéder à la dissolution, toujours dans un souci de prudence, afin d'éviter de faire encourir au liquidateur amiable des risques de mise en jeu de sa responsabilité.

En effet, la dénonciation de certains contrats peut s'avérer difficile, générer des frais ou des dépenses qu'il vaut mieux supporter du « vivant » de l'association, plutôt que pendant la phase de dissolution.

PRÉVENIR LES PARTENAIRES DE L'ASSOCIATION

Les partenaires de l'association peuvent éprouver des désagréments du fait de sa disparition, éventuellement des préjudices. Ils peuvent également avoir un certain intérêt à la maintenir en vie et proposer des solutions alternatives à la dissolution. Pour ces raisons, il est préférable de faire connaître aux partenaires le projet de dissolution, ne serait-ce que par courtoisie.

ANTICIPER LA DÉVOLUTION DE L'ACTIF NET

Si l'association n'a pas de dettes et possède un quelconque patrimoine, la liquidation va se solder sur un boni de liquidation, un surplus d'argent ou des actifs bien tangibles.

Cette « plus-value » ne peut être répartie entre les membres en vertu du but non lucratif des associations et il faut bien lui trouver un emploi. Une fois l'association disparue, son patrimoine n'appartient plus à personne.

Les statuts peuvent prévoir une affectation bien précise du boni (dévolution à un autre organisme désigné, une fédération) ou bien laisser libre l'assemblée de dissolution de l'usage qu'il sera fait des sommes restant après la liquidation. Le cas échéant, il est préférable de soumettre à l'assemblée une proposition d'affectation afin d'éviter que les débats s'éternisent et que l'on courre le risque de n'aboutir à aucune solution concrète.

Lorsque les sommes en jeu sont peu importantes, la transmission du boni à un nouvel organisme n'est pas problématique ; il suffit de faire un chèque ou un virement bancaire, une fois réglé tous les frais de la liquidation. Si les sommes en cause sont significatives ou que l'association souhaite transmettre des biens d'une certaine valeur, il est fortement recommandé de faire appel à un professionnel du droit, notamment au regard des possibles conséquences fiscales de l'opération. Nous donnons en annexe un modèle de lettre à adresser à l'organisme bénéficiaire pour sécuriser la transmission de l'actif net.

VÉRIFIER LES MODALITÉS STATUTAIRES

La plupart des statuts associatifs prévoient des modalités particulières pour la dissolution. Il s'agit en général du dernier article des statuts qui comporte une formule standard du type :

> La dissolution ne peut être votée qu'à la majorité des trois quarts (3/4e) des votants.
>
> En cas de dissolution, l'Assemblée Générale désigne au besoin un ou plusieurs liquidateurs qui seront chargés de la liquidation des biens de l'association. L'actif net subsistant sera attribué à une ou plusieurs associations poursuivant des buts similaires désignés par l'Assemblée Générale.

Il faudra par la suite respecter scrupuleusement ces indications statutaires et se ménager la preuve que les formalités de dissolution ont bien été conduites conformément au pacte fondateur.

Lorsque les statuts ne prévoient pas de modalités spéciales, la dissolution de l'association est de la compétence de l'assemblée générale ordinaire ; la résolution de dissolution doit alors être adoptée à l'**unanimité** des participants.

QUE FAIRE SI LES DIRIGEANTS DE L'ASSOCIATION À DISSOUDRE ONT DISPARU ?

Vous voulez dissoudre une association mais vous n'en êtes pas le dirigeant et les dirigeants de droit enregistrés par la préfecture ont disparu.

Cette situation est très problématique dans la mesure où seule l'assemblée générale peut prononcer la dissolution et que d'une manière générale, seuls les dirigeants de droit peuvent convoquer cette assemblée générale.

Toutefois vérifiez dans vos statuts s'il n'est pas prévu qu'une certaine proportion des membres a la faculté de convoquer l'assemblée générale. Dans ce cas, on peut se passer des dirigeants de droit pour la convocation. Il suffit de constituer de manière informelle un collectif des adhérents demandant l'AG et de mandater (toujours de manière informelle) l'un des membres pour procéder aux formalités de convocation.

S'il est indiqué dans les statuts qu'une certaine proportion des membres peut DEMANDER la convocation de l'AG, cela ne résout pas le problème de l'absence des dirigeants, car dans ce cas, la convocation doit malgré tout émaner d'un dirigeant de droit ou d'un organe dirigeant de l'association (bureau ou CA).

Dans ce cas, une solution bancale doit être envisagée : le remplacement des dirigeants disparus, puis la convocation par les nouveaux dirigeants de l'assemblée de dissolution.

La solution est bancale parce que pour remplacer les dirigeants disparus, il faut convoquer une assemblée générale (le plus souvent) et que justement plus personne ne peut convoquer cette assemblée (et pour cause !). D'un point de vue juridique, cette première assemblée désignant de nouveaux dirigeants est fragile et elle pourrait être contestée.

Pour bien faire, il faudrait saisir le juge et lui demander de désigner un mandataire ad hoc chargé de procéder à la convocation de l'assemblée. Mais il s'agit d'une procédure assez longue et certainement coûteuse pour l'association. Si les enjeux sont modestes, on préfèrera notre solution de compromis.

On tiendra donc une première assemblée générale en réunissant les membres restant de l'association et en respectant les modalités statutaires de convocation. Cette assemblée constatera que les dirigeants de droit ont disparu, que tout a été fait pour les retrouver mais qu'ils restent définitivement hors de portée. Si les dirigeants son décédés, on le signalera en donnant les éléments matériels (date et lieu du décès).

Cette assemblée reconstituera une équipe ou un organe dirigeant, tels qu'ils sont prévus par les statuts (le plus souvent, élection directe du bureau par l'assemblée ou élection d'un CA au sein duquel le bureau est choisi).

On établira un procès-verbal de cette AG (ou du CA si c'est lui qui désigne les dirigeants) et on fera en préfecture la formalité de déclaration des nouveaux dirigeants avec le formulaire CERFA 13971.

Une fois les nouveaux dirigeants enregistrés en préfecture, on pourra alors lancer la procédure de dissolution de l'association, telle qu'elle est décrite dans ce tutoriel.

COMMENT PROCÉDER À LA DISSOLUTION VOLONTAIRE ?

Une fois la décision prise d'engager la procédure et les dirigeants convaincus de la nécessité d'agir, comment doivent se passer les choses ?

La personne habilitée par les statuts (le Président par défaut) doit convoquer une assemblée générale, conformément aux statuts et faire adopter une résolution tendant à la dissolution volontaire de l'association. Dès cette assemblée, l'association est dissoute mais elle peut continuer à fonctionner « pour les besoins de sa liquidation ».

Les personnes désignées aux fonctions de liquidateurs mettent alors fin aux activités, expédient les affaires courantes, liquident les actifs de l'association et règlent ses dettes.

Une fois ces opérations terminées, il peut rester un certain patrimoine. L'actif net et les biens restant après paiement des dettes sont transmis en général à une autre association dont l'objet est similaire. Il est strictement interdit de partager ou d'attribuer le boni de liquidation aux membres de l'association.

Pour finir, la dissolution est déclarée auprès de la DDCS (préfecture), qui se chargera de la publier au Journal Officiel.

Même si les formalités de dissolution ne sont pas compliquées, il faudra scrupuleusement respecter le formalisme associatif pour éviter les risques de contestation. Le respect des dispositions statutaires relatives aux assemblées générales est fondamental, car il conditionne la validité des décisions prises par l'assemblée. Des contestataires auraient beau jeu de demander au tribunal d'annuler la dissolution de l'association, s'ils pouvaient prouver que l'assemblée ne s'est pas tenue conformément aux exigences des statuts.

LA PROCÉDURE SE DÉROULE EN TROIS ÉTAPES SUCCESSIVES :

1. Convocation de l'assemblée générale
2. Tenue de la réunion, débats et vote
3. Etablissement d'un procès-verbal de l'assemblée

QUE FAIRE SI LES STATUTS SONT MUETS

Il peut arriver que les statuts soient muets à propos de la dissolution de l'association.

Dans ce cas, ce sont les principes généraux du droit associatif dégagés par les tribunaux qui trouveraient à s'appliquer en cas de contentieux.

Les tribunaux considèrent que seule l'assemblée générale des membres est compétente pour décider la dissolution de l'association. Ainsi, lorsque les statuts ne prévoient pas de modalités particulières (pas de mention d'une assemblée générale extraordinaire ou de procédure particulière pour la dissolution), on convoquera une assemblée générale ordinaire, telle que décrite dans les statuts.

La plupart des statuts, y compris les plus dépouillés, donnent des indications sur la tenue de l'AG. Organe souverain de l'association, cette assemblée réunit la communauté des adhérents pour exercer ses prérogatives fondamentales, à savoir la définition des grandes lignes du projet associatif et la décision ultime d'y mettre fin.

Si les statuts sont muets à propos du déroulement des assemblées, il faudra néanmoins respecter quelques précautions de bon sens garantissant une certaine transparence et un minimum de démocratie..

Ces principes généraux du droit associatif trouvent à s'appliquer à propos de la convocation des adhérents à l'assemblée, le décompte des présents et des votes et l'établissement d'un procès-verbal.

Nous exposons ces principes à respecter ci-après.

Ensuite, la décision de dissolution doit être prise à l'**unanimité** des membres présents à l'assemblée. Cette exigence très rigoureuse peut poser problème : il suffit d'un seul opposant à la dissolution pour faire « capoter » le projet. Mais il n'est pas possible de la contourner, les tribunaux sont formels à ce sujet.

Enfin, l'assemblée générale, en plus de prononcer la dissolution, doit décider à qui seront transmis les biens de l'association et les sommes restant après paiement des dettes. Cette résolution doit être présentée à l'assemblée et faire l'objet d'un vote, même si l'association ne possède rien ou qu'il apparaît de manière évidente que la liquidation ne débouchera pas sur un boni.

CONVOCATION

A défaut de précisions dans les statuts, la convocation des adhérents peut être faite par tout moyen adapté. Ainsi la remise « en main propre » de la convocation, un courrier simple ou même un courriel sont envisageables du moment que l'on peut prouver que l'ensemble des membres a été touché par la convocation. Par contre l'affichage communal ou la parution de la convocation dans un journal d'annonces légales est peu probant car on peut facilement imaginer que tous les membres ne résident pas sur le territoire de la commune ou qu'ils ne lisent pas le journal d'annonce.

DELAI

En ce qui concerne le délai entre l'envoi de la convocation et la date de tenue de l'AG, un délai « suffisant et raisonnable » sera demandé par le juge en l'absence de précisions statutaires. Ce délai doit être en proportion de la taille de l'association et de sa situation. Il a été jugé qu'un délai d'un mois était suffisant ; en revanche, un délai de trois jours a été jugé trop court.

ORDRE DU JOUR

La convocation comporte évidemment la date, l'heure et le lieu de l'AG, mais également son ordre du jour. Les adhérents doivent être informés des questions qui seront traitées et pouvoir décider en toute connaissance de cause si l'ordre du jour de l'assemblée justifie leur présence.

L'ordre du jour peut être une simple liste des résolutions à voter. Toutefois, nous vous conseillons d'utiliser notre modèle de convocation d'un adhérent à l'assemblée de dissolution (voir annexes).

L'usage consistant à terminer l'ordre du jour par un point intitulé « Questions diverses » est à manier avec prudence. Ces questions diverses peuvent être consacrées à des débats ou des informations, mais ne doivent déboucher sur aucune décision, ni vote, sous peine de voir ces résolutions annulées par le juge.

LE DÉROULEMENT DE L'ASSEMBLÉE GÉNÉRALE DE DISSOLUTION

S'il y a bien une assemblée pour laquelle on ne peut pas se permettre d'avoir des contestations, c'est bien celle qui décide de la dissolution de l'association. Les conséquences d'une annulation judiciaire de la décision de dissoudre seraient potentiellement lourdes.

Dans bon nombre de statuts d'associations loi 1901, les statuts précisent les modalités de dissolution de la structure. La décision est confiée à l'assemblée générale des membres qui doit voter dans des conditions particulières. On parle quelques fois d'assemblée extraordinaire, au sens où elle nécessite un quorum particulier et/ou le vote d'une majorité renforcée.

Le respect de ces dispositions spécifiques est d'une importance primordiale pour la validité de la décision. Il faudra également collecter soigneusement les preuves que les dispositions statutaires ont bien été respectées, si nécessaire au moyen d'attestations des personnes présentes.

LA CONVOCATION DES MEMBRES ET L'ORDRE DU JOUR

Il est rare que des modalités spécifiques de convocation soient prévues pour l'assemblée de dissolution. Dans la négative, on se conformera aux dispositions régissant les assemblées ordinaires pour convoquer les adhérents. On respectera la forme prévue (par voie postale, courrier électronique, publication, etc) et un délai « suffisant et raisonnable » (au moins un mois par exemple).

La convocation comportera bien entendu une date, l'heure et le lieu. On s'assurera que l'endroit est bien accessible pour les adhérents. L'ordre du jour comportera le détail des résolutions à voter, la dissolution figurant de manière claire et explicite.

LA PREUVE DE LA PARTICIPATION DES MEMBRES

Au moment de l'assemblée, il est essentiel de tenir une liste d'émargement sous la forme d'un tableau où les présents indiquent leurs noms et prénom et signent (émargement). Les titulaires de procuration indiqueront également le nombre de pouvoirs dont ils sont porteurs ; ces pouvoirs seront annexés à la liste d'émargement et conservés avec elle.

Si vous n'aviez pas coutume de faire émarger les participants à vos AG sur une feuille de présence, c'est le moment où jamais de rompre avec cette mauvaise habitude. Cette feuille de présence pourra être annexée au procès-verbal de l'assemblée ayant voté la dissolution. On se souvient à cet égard que la notice du formulaire CERFA 13972 prévoit que le procès-verbal fourni à l'administration à l'appui de la formalité administrative « doit revêtir la signature de tous les membres présents ».

La liste permet d'établir avec certitude le nombre de présents (éventuellement augmenté des personnes ayant donné pouvoir) qui servira au décompte de la majorité dans le vote des résolutions. Lorsque les statuts prévoient un quorum (nombre minimum de présents à l'assemblée pour qu'elle soit en mesure de délibérer), c'est encore la liste d'émargement qui permet de prouver que le quorum a bien été atteint.

Dans certains statuts, l'assemblée convoquée pour décider de la dissolution de l'association ne peut valablement statuer que si elle réunit une proportion suffisante des adhérents ou un nombre minimum de votants.

Cette disposition oblige les organisateurs de l'assemblée à effectuer un décompte des présents au début de la réunion et à vérifier que le nombre de participants requis est bien atteint. L'exigence de quorum se combine souvent avec celle d'une majorité qualifiée pour le vote de la dissolution.

SI L'ASSOCIATION N'A PLUS D'ADHÉRENTS

Si votre association a cessé ses activités depuis longtemps et qu'elle est en sommeil, il est fort probable qu'il n'existe plus d'adhérents identifiés et que vous ne savez pas trop qui vous allez convoquer à la fameuse assemblée de dissolution.

Si effectivement l'association ne fonctionne plus, il est parfaitement normal qu'elle n'ait plus d'adhérents et il ne sert à rien d'essayer de « tordre le bras » à cette réalité.

Dans ce cas, la convocation sera adressée aux dirigeants de droit déclarés en préfecture ; ce sont eux qui composeront cette dernière assemblée et émargeront sur la feuille de présence.

Si la mise en sommeil est récente et que l'on dispose d'une liste d'adhérents datant de moins de quelques années, on adressera la convocation à ces derniers adhérents référencés, en rappelant le cas échéant les modalités statutaires de participation aux assemblées (le plus souvent il est exigé que les membres soient à jour de leur cotisation pour participer à l'assemblée).

Attention à ne pas céder à la tentation d'avoir une feuille d'émargement « bien remplie » pour l'assemblée de dissolution. Si la participation aux assemblées est conditionnée par les statuts aux respects de certaines modalités (adhésion ancienne de plus de xx mois, adhérent à jour de ses cotisations), le respect de ces modalités est indispensable pour la validité de l'AG.

LES PROCURATIONS

A défaut de précision dans les statuts, la procuration est de droit, conformément au principe juridique qu'il est toujours possible de se faire représenter dans les actes de la vie civile.. En revanche, le vote par correspondance (l'adhérent renvoyant une feuille sur laquelle il indique son vote pour chacune des résolutions) doit être prévu par les statuts ou autorisé par un usage ancien et constant en vigueur dans l'association.

La pratique tendant à donner procuration en précisant par écrit son vote pour chacune des résolutions est licite. A défaut de précisions statutaires, le nombre de procurations détenues par une personne n'est pas non plus limité

LA CONDUITE DE L'ASSEMBLÉE DE LIQUIDATION

Il est d'usage que le président de l'association dirige les débats et préside l'assemblée de manière formelle, mais il ne s'agit que d'un usage. Une large place peut être donnée dans la réunion aux débats et aux échanges de vue. Cependant l'assemblée est tenue de s'exprimer par un vote formel à propos des résolutions portées à l'ordre du jour. Aucune autre résolution que celles figurant dans la convocation ne peut être débattue et soumise aux votes des participants.

INCIDENT DE SEANCE

Seules les questions prévues à l'ordre du jour peuvent être soumises au vote de la communauté associative. Les juges appliquent ce principe avec grande rigueur, annulant toute résolution qui n'aurait pas figuré dans la convocation. La seule exception à ce principe concerne la révocation des dirigeants qui est toujours possible au cours d'une assemblée, si des circonstances révèlent des faits justifiant l'impossibilité pour les membres de l'association de maintenir leur confiance dans l'équipe dirigeante. On parle alors de « révocation sur incident de séance ».

LES MODALITÉS DU VOTE

La dissolution de l'association étant la décision la plus grave qui soit, certains fondateurs ont cru bon de formuler dans les statuts la nécéssité d'une majorité qualifiée pour décider.

Alors que les décisions de l'assemblée se prennent en général à la majorité simple (la moitié des voix plus une), la dissolution peut requérir une majorité des deux-tiers, voir des trois quarts des participants.

Les statuts comporteront alors une disposition de ce type : « La dissolution ne peut être votée qu'à la majorité des trois quarts (3/4e) des votants ». Pour chacune des résolutions, le décompte des voix pour, contre et des abstentions sera rapporté au nombre d'émargements et reporté dans le procès-verbal de l'assemblée

Sauf à ce que les statuts prévoient expressément des modalités différentes, tous les membres de l'association, dirigeants ou pas, disposent d'une voix et d'une seule.

REPRISE DES APPORTS

Lorsque l'association a bénéficié par le passé d'apports stipulant un droit de reprise, l'assemblée générale de dissolution doit autoriser expressément la reprise de ces apports. Sur le plan juridique, la reprise des apports n'est pas une conséquence automatique de la dissolution et ne peut s'effectuer que sur autorisation de l'assemblée. La restitution des apports porte sur le bien apporté ou une somme d'argent si l'apport a été fait en numéraire ; la restitution effective suppose évidement que l'association ait conservé le bien et soit in bonis.

LES MODALITÉS DE DÉSIGNATION DES LIQUIDATEURS

La dissolution amiable permet de désigner des liquidateurs volontaires et bénévoles, qui seront le plus souvent choisis parmi les anciens dirigeants. Il est également possible si les enjeux le justifient de saisir le tribunal pour demander au juge la désignation d'un professionnel indépendant. Cette intervention sera onéreuse pour l'association mais elle peut se justifier selon les circonstances.

Les statuts contiennent souvent la clause suivante :

> L'Assemblée Générale désigne au besoin un ou plusieurs liquidateurs qui seront chargés de la liquidation des biens de l'association.

Il peut être intéressant si l'association est d'une certaine taille de nommer plusieurs liquidateurs. Les liquidateurs doivent s'abstenir de tout conflit d'intérêt et il leur est interdit d'être déclaré directement ou indirectement attributaire de tout ou partie des actifs associatifs.

LA MISSION DES LIQUIDATEURS

La mission des liquidateurs consiste à apurer la situation comptable et financière de l'association et s'assurer de la transmission de l'éventuel boni de liquidation à un organisme désigné.

Concrètement, pour liquider l'association, il faudra procéder au règlement de l'ensemble de ses dettes (y compris celles qui portaient une échéance), au remboursement anticipé des crédits bancaires et au solde de tous les comptes sociaux de l'association (salariés et caisses). Ces dettes seront réglées avec les liquidités de l'association et le produit de cession des actifs.

Si l'association n'est propriétaire que d'actifs sans valeur, elle en fera don à un organisme intéressé ou procèdera à leur destruction.

LA TRANSMISSION DES ACTIFS DE L'ASSOCIATION

Une fois les dettes réglées et les actifs vendus ou cédés gracieusement, il se peut que les opérations de liquidation se soldent par un surplus, une sorte de plus-value résultant des réserves de l'association.

Il s'agit d'une somme d'argent plus ou moins importante, quelques fois des actifs qui n'ont pas pu être liquidés (immeuble occupé, biens sans valeur marchande, apports non réclamés). Que faire de ce boni de liquidation lorsque les sommes en jeu ne sont plus symboliques ?

L'INTERDICTION D'ATTRIBUTION AUX MEMBRES

La loi de 1901 et les obligations fiscales de gestion désintéressée interdisent que tout ou partie du patrimoine net de l'association soit attribué directement ou indirectement à ses membres.

Il est strictement interdit de se partager l'actif restant entre les adhérents ou de l'attribuer de manière préférentielle à l'un des membres, directement ou sous couvert d'une autre personne morale. Lorsqu'une collectivité locale était membre de l'association, elle ne peut racheter les actifs de l'association, ni se les voir attribuer (Rép. Min. Dehaine. AN 21-6-1999).

Pour se conformer au droit associatif et aux usages, la somme nette restant après clôture des opérations de liquidation doit faire l'objet d'un don à un autre organisme sans but lucratif. En général, les statuent prévoient une disposition de ce type :

L'actif net subsistant sera attribué à une ou plusieurs associations poursuivant des buts similaires désignés par l'Assemblée Générale.

L'ORGANISME BÉNÉFICIAIRE DU BONI DE LIQUIDATION

Dans le respect du principe de non-lucrativité, l'assemblée générale doit désigner le bénéficiaire du boni de liquidation.

Sauf précisions statutaires, il peut s'agir d'un autre organisme à but non lucratif, éventuellement une société commerciale, mais aussi de l'État et ses établissements publics, d'une collectivité locale, d'une fondation ou association reconnue d'utilité publique ou d'intérêt général, d'un organisme agréé dont l'objet exclusif est de verser des aides financières aux PME, d'un organisme du spectacle vivant ou ayant pour activité principale l'organisation d'expositions d'art contemporain, d'un établissement d'enseignement public ou privé agréé.

Toutefois, l'organisme bénéficiaire doit avoir la capacité à recevoir des libéralités et ne pas dissimuler les intérêts d'anciens membres ou de dirigeants de l'association dissoute.

LE PROCÈS-VERBAL DE L'AG DE DISSOLUTION

L'assemblée de dissolution fait l'objet d'un procès-verbal qui est annexé au formulaire CERFA pour les formalités administratives. Ce procès-verbal reprend les résolutions soumises au vote des participants et doit être rédigé avec soin. Pour sécuriser votre démarche, nous donnons en annexe un modèle de procès-verbal, à compléter (supprimez également les mentions inutiles).

ETABLISSEMENT DU PROCÈS-VERBAL

L'assemblée de dissolution doit faire l'objet d'un procès-verbal en bonne et due forme, c'est essentiel pour le bon déroulement de la procédure de dissolution. Concrètement, il s'agit de produire un texte reprenant les différentes résolutions débattues et indiquant pour chacune d'entre elles le résultat du vote, avec le détail des voix « pour », « contre » et des abstentions. Pour garantir l'impartialité du compte-rendu d'assemblée, il est d'usage de solliciter un ou plusieurs membres de l'assemblée n'appartenant pas aux instances dirigeantes, qui participeront à la rédaction du procès-verbal.

SIGNATURES ET CERTIFICATION CONFORME

Une fois arrêté un texte définitif, le procès-verbal sera signé par au moins deux dirigeants de droit qui le certifieront conforme aux débats et votes.

Nota Bene : Il faut souligner que seuls les dirigeants de droit de l'association, enregistrés comme tels auprès des autorités administratives (la Préfecture), peuvent valablement signer et certifier conforme le procès-verbal de l'assemblée générale.

On annexera au procès-verbal la feuille d'émargement ainsi que les procurations. Ces documents seront conservés indéfiniment dans le registre des délibérations. On établira plusieurs exemplaires originaux pour les formalités en préfecture et les archives de l'association.

APRÈS L'ASSEMBLÉE GÉNÉRALE PRONONÇANT LA DISSOLUTION

Pour éviter que des personnes continuent à se prévaloir de l'association, on aura soin d'informer immédiatement tous les anciens partenaires de l'association (banques, mairie, organismes publics, tutelles, fédération) de la cessation des activités. L'existence de la personne morale se poursuit tant que la liquidation n'est pas terminée, c'est-à-dire jusqu'à la clôture des opérations de liquidation. La tache des liquidateurs se poursuit tant que l'ensemble des dettes de l'association n'est pas apuré et qu'il subsiste des actifs, jusqu'au moment de la transmission de l'éventuel boni de liquidation à un organisme désigné.

A compter de la décision d'assemblée, dans tous les actes de la vie civile, les liquidateurs prendront soin de faire suivre la dénomination de l'association de la mention « association en liquidation ».

COMMENT SE DÉROULENT LES OPÉRATIONS DE LIQUIDATION

La mission des liquidateurs est définie par l'AG. Elle consiste principalement à régler les dettes de l'association et à liquider son patrimoine, en vendant les actifs ou en les donnant.

LA RESTITUTION DES APPORTS

Certaines associations ont pu bénéficier d'apports avec droit de reprise. Cette opération patrimoniale consiste pour une personne à transférer à une association la propriété d'un bien désigné ou d'une certaine somme d'argent, à charge pour l'association de lui restituer en cas de disparition.

Lorsque l'association a bénéficié d'apports stipulant un droit de reprise, elle s'est engagée à restituer aux apporteurs le bien apporté ou une somme d'argent équivalente. Cette restitution constitue la première dette qui doit être honorée par l'association, conformément à la décision de l'assemblée générale et au traité d'apport.

LA CESSION DES ACTIFS

La liquidation du patrimoine associatif s'effectue en vendant tous les actifs dont l'association est propriétaire, biens meubles et immeubles. On procède également au recouvrement des éventuelles créances que l'association pourrait détenir sur des tiers (dettes envers l'association, solde des régies d'avance). Les actifs sans valeur marchande peuvent faire l'objet d'un don à une association de secours populaire et dans le secteur de l'ESS, on trouve de nombreuses associations qui procèdent à des débarras de locaux.

Les biens ne pourront être rachetés y compris pour une valeur réelle par des membres de l'association ou a fortiori ses dirigeants, leurs ayants droit ou des personnes morale constituées pour dissimuler leurs intérêts.

Si les biens ne trouvent aucun preneur, y compris à titre gracieux, on fera procéder à leur destruction sous contrôle d'un huissier.

LE RÈGLEMENT DES DETTES

A partir des comptes de l'association, on dresse la liste de ses créanciers. Après vérification, les créances restant dues seront réglées par chèque bancaire ou virement. On se ménagera toutes les preuves que les créanciers ont bien été désintéressés. Si l'association était en relation avec les organismes sociaux ou fiscaux, les dirigeants auront la prudence de solliciter un état définitif du compte de l'association qui apparaîtra soldé ou en voie de l'être.

Si un passif occulte se fait jour (des dettes cachées ou insoupçonnées), provoquant l'insolvabilité de l'organisme, les liquidateurs prendront l'initiative de saisir le tribunal afin d'ouvrir une procédure collective, comme il a été mentionné plus haut.

LA RÉSILIATION DES CONTRATS

La personnalité juridique de l'association survit pour les besoins de sa liquidation et tant que les contrats qu'elle avait signé ne sont pas résiliés. Cela vaut pour tous les engagements de l'association, son bail de location immobilière jusqu'aux contrats de travail, incluant les abonnements divers souscrits au nom de la personne morale.

Dans certains cas, la résiliation anticipée des contrats peut entraîner des frais et des pénalités ; ceux-ci doivent être prévus au contrat initial. Ils sont comptabilisés en charges exceptionnelles sur opérations de liquidation.

La clôture de la liquidation doit être suspendue à la fin des procédures du droit social. Les personnes titulaires de contrats de travail s'engageront dans une procédure de résiliation à l'amiable ou bien feront l'objet d'un licenciement économique. Si l'association dispose de salariés permanents, il n'est pas conseillé aux dirigeants non professionnels de conduire en personne ces procédures. Elles sont susceptibles d'engager la responsabilité pécuniaire de l'association.

LE SORT DES SUBVENTIONS NON EMPLOYÉES

Les subventions versées et encaissées sont définitivement acquises à l'association et en principe, la dissolution volontaire n'entraîne pas de conséquences ou de risques de ce côté, sauf à ce qu'elle se fasse dans l'intention de détourner des fonds publics.

Lorsque la subvention a été octroyée pour un projet déterminé qui ne sera pas mené à bien du fait de la cessation des activités, on peut toutefois se demander si la partie non consommée de la subvention ne devient pas exigible du fait de la dissolution.

Si le boni transmis à un autre organisme correspond peu ou prou aux fonds publics non employés, on pourrait également considérer qu'il s'agit là du reversement d'une subvention, une opération en principe interdite (sauf accord expresse du dispensateur de subvention).

Il est possible de reverser les subventions non-employées. Si votre association a bénéficié de subventions qu'elle n'a pas employé en intégralité, vous pouvez organiser le reversement du reliquat de ces fonds publics à l'administration. Vérifiez bien que votre association est in bonis (que la situation financière et comptable permet bien le reversement au Trésor, sans entraîner l'insolvabilité de l'association). Prenez contact avec l'administration dispensatrice de la subvention et proposez-lui de faire émettre par le comptable public un titre exécutoire pour la fraction de la subvention à reverser.

LE VERSEMENT DU BONI DE LIQUIDATION

L'assemblée générale a en principe décidé ce qui devait advenir d'un éventuel boni de liquidation. Une fois toutes les opérations de liquidation terminée et le compte de liquidation établi, les liquidateurs constatent éventuellement un solde positif, correspondant à un suplus des actifs de l'association sur ses dettes.

Cette somme fera l'objet d'un règlement par chèque ou virement bancaire à l'organisme désigné. Un échange de courriers (voir modèle en annexe) entre le liquidateur et les dirigeants de l'organisme pourra servir de pièces justificatives.

L'ÉTABLISSEMENT DES COMPTES DE LIQUIDATION

Il faut garder la trace des opérations de liquidation. Pour dégager leur responsabilité et attester de la réalité de la liquidation du patrimoine associatif, les liquidateurs rendront compte de leur mission.

L'assemblée générale de dissolution en nommant les liquidateurs peut leur assigner la tache de produire un rapport de gestion spécifique appuyé sur une comptabilité plus ou moins détaillée.

Même si rien n'est exigé par l'assemblée, les liquidateurs auront soin d'établir à l'issue de la liquidation un document synthétique faisant état des opérations conduites, des dettes apurées et des actifs cédés. Ce compte fera apparaître le montant de l'éventuel boni de liquidation transféré à un organisme tiers. Le rapport de gestion des liquidateurs pourra être annexé au procès-verbal de l'assemblée de dissolution ; il sera conservé sans limitation de durée par tous les intéressés et transmis autant que de besoin aux autorités et partenaires publics.

LA CLÔTURE DE LA LIQUIDATION

En droit des sociétés, il arrive que la liquidation de la structure se déroule sur deux assemblées successives, l'une pour ouvrir la liquidation, l'autre une fois les opérations de liquidation terminée. Lors de la seconde assemblée, les liquidateurs présentent une comptabilité plus ou moins détaillée de leurs opérations (le compte de liquidation) et obtiennent un quitus pour les actes de gestion auxquels ils ont procédé en tant que liquidateurs.

Ce dispositif à double détente présente l'inconvénient d'alourdir la procédure ; il n'est d'ailleurs pas requis en droit des associations.

Toutefois, lorsque le patrimoine associatif est important, cette pratique de deux assemblées peut être intéressante pour dégager la responsabilité des personnes qui auront conduit les opérations de liquidation. Les liquidateurs amiables veulent pouvoir limiter leur responsabilité en obtenant le quitus des organes associatifs. Il en va ainsi lorsque les opérations de liquidation sont longues et/ou complexes ou que les actifs de l'association ont été cédés à des tiers, à titre onéreux.

L'assemblée de dissolution devra dans ce cas prévoir la tenue d'une dernière assemblée, dite « de clôture de liquidation», au cours de laquelle les liquidateurs présenteront leur rapport et leurs comptes, dont il leur sera donné acte ainsi que -le cas échéant- un quitus. Ce quitus sera annexé au procès-verbal de l'assemblée prononçant la dissolution.

Cette pratique n'est pas prévue par la loi de 1901 ; elle n'a donc aucun caractère obligatoire. Elle vise simplement dans certains cas à limiter les risques de mise en jeu de la responsabilité des liquidateurs.

LES FORMALITÉS AUPRÈS DE LA DDCS

Pour les formalités en préfecture, il faut réunir les documents suivants :

- le formulaire CERFA 13972, reproduit en annexe et en téléchargement sur notre site,
- un exemplaire de la délibération ayant décidé la dissolution de votre association signé et certifié conforme par deux dirigeants de droit de l'association, avec en annexe la feuille d'émargement de la réunion,
- une enveloppe affranchie au tarif en vigueur (20 grammes) avec l'adresse de gestion de l'association,

La redevance forfaitaire pour la publication de la dissolution de votre association est incluse dans le montant de la redevance dont vous vous êtes acquitté à l'occasion de la publication de sa création. Une fois la dissolution enregistrée, la DDCS vous renverra un récépissé de votre formalité, qui attestera que l'association est bien dissoute. Dans tous les actes de la vie civile, ce récépissé fera foi.

METTRE FIN AUX RELATIONS BANCAIRES

Last but not least, une fois que vous aurez en main le récépissé de la préfecture suite à la déclaration de dissolution, n'oubliez pas d'aller voir votre banquier pour lui demander de clôturer le compte en banque. Évidemment, on fera cette petite visite au banquier une fois que tous les frais et dépenses de la liquidation ont été acquittés.

Les dirigeants veilleront également à neutraliser les instruments de paiements (retrait des chéquiers et des cartes, retrait des procurations).

INFORMER LES ANCIENS PARTENAIRES DE L'ASSOCIATION

Pour éviter que des personnes continuent à se prévaloir de l'association, on aura soin d'informer tous les anciens partenaires de l'association (mairie, organismes publics, tutelles, fédération) de la cessation des activités.

Nous donnons en annexe un modèle de lettre dont on pourra s'inspirer pour informer les différents partenaires.

MISE À JOUR DES REGISTRES DE L'ASSOCIATION

Les registres constituent la mémoire de l'association et doivent pour cette raison être tenus et conservés avec soin. Un seul registre est obligatoire aux termes de la loi, le registre spécial, un registre tenu « à la main », sur des pages reliées de manière définitive et indissociable.

La mention relative à la dissolution sera évidemment reportée au registre spécial de l'association. Cette mention doit être inscrite à la suite de la dernière mention en date, sans blanc, ni ratures.

On inscrira une mention du type :

> L'assemblée générale extraordinaire prévue à l'article xx des statuts s'est prononcée le DATE pour la dissolution de l'association. Messieurs et Mesdames NOM ont été nommés aux fonctions de liquidateur. Un compte de liquidation a été annexé au procès-verbal de ladite assemblée.

On termine la mention en reportant la date du récépissé délivré par la D.D.C.S.

Par mesure de précaution, le liquidateur annulera les pages suivantes du registre spécial.

ORGANISER LA CONSERVATION DES ARCHIVES ASSOCIATIVES

Lorsque l'association dispose d'une certaine taille ou d'une ancienneté, elle a accumulé des archives juridiques, administratives et comptables éventuellement. La conservation de ces archives est essentielle, notamment si l'association a eu des salariés.

Il faudra également prévoir le sort des documents juridiques de l'association, essentiellement le registre des délibérations qui sera clôturé avec le procès-verbal de l'AG de dissolution.

L'INTERDICTION DE RECONSTITUER UNE ASSOCIATION DISSOUTE OU DE POURSUIVRE SES ACTIVITÉS

Une fois transféré l'éventuel boni de liquidation et la formalité effectuée auprès de la DDCS, l'association est officiellement dissoute. Elle n'a plus d'existence légale et ne peut en aucune manière « être ramenée à la vie », sauf pour les besoins de la liquidation.

Il est donc interdit de se prévaloir d'aucune manière de l'association dissoute ou d'une quelconque qualité en rapport avec elle (membre, dirigeant, etc).

ANNEXES

MODÈLES À COMPLÉTER

- CONVOCATION À L'ASSEMBLÉE GÉNÉRALE DE DISSOLUTION

- PROCÈS-VERBAL DE L'ASSEMBLÉE DE DISSOLUTION

- MODÈLES DE COURRIERS

- CERFA 13972

DE : Association [Dénomination] [Adresse du siège social]

Convocation à l'assemblée générale (extraordinaire)
du [JJ/MM/AAAA] à [XxhXX]
Au lieu [Adresse de la réunion]

Cher(e) Adhérent(e),

L'Assemblée Générale de notre association se tiendra le [JJ/MM/AAAA] à [XXhXX], à [Adresse].
L'ordre du jour sera le suivant (supprimez les mentions inutiles) :

- Rapport moral « par le Président »
- Rapport financier « par le Trésorier »
- Votes
- Approbation des comptes de l'exercice du [JJ/MM/AAAA] au [JJ/MM/AAAA].
- Cessation des activités de l'association
- Dissolution volontaire de l'association
  « Éventuellement préciser les circonstances et la nécessité de cette dissolution »
- Nomination de liquidateurs
- Dévolution du boni de liquidation

Je vous rappelle qu'en cas d'empêchement, vous pouvez vous faire représenter par une autre personne munie d'un pouvoir régulier.
Cependant, cette Assemblée Générale Extraordinaire étant un moment-clé dans la vie de notre association, votre présence est attendue.
L'assemblée sera précédée/suivie d'un moment d'échange informel/du verre de l'amitié.
Dans l'attente, nous vous prions de croire, Madame, Monsieur, cher adhérent, à l'assurance de sincères salutations.

Le Président
PJ : Pouvoir (éventuellement)

Association
« _____ »
Réunion de l'assemblée générale
(extraordinaire) des adhérents
du [JJ/MM/AAAA] à [XXhXX]
Procès-verbal

Les adhérents de l'association (nom) se sont réunis le (date) à (heure), dans ses locaux ou à (adresse) à la suite d'une convocation envoyée à tous les membres le [JJ/MM/AAAA].

Le président salue l'assistance et les membres d'honneur, remercie les participants de s'être déplacés et rappelle que l'ordre du jour est le suivant : dissolution amiable de l'association (ajouter éventuellement approbation des comptes). A l'issue de cet ordre du jour, un moment sera consacré aux questions diverses, sans toutefois que ces questions puisse faire l'objet d'un vote engageant l'association.

L'assemblée donne acte aux dirigeants de la régularité de sa convocation ; les membres ayant pu accéder aux documents et rapports conformément aux conditions prévues aux statuts.

Il a été établi une feuille d'émargement des adhérents présents et représentés (liste des participants en annexe). Après dépouillement de la feuille d'émargement et des pouvoirs, l'assemblée est en état de délibérer à titre (précisez éventuellement : ordinaire ou extraordinaire)

Le président rappelle que toutes les résolutions présentées relèvent de l'assemblée générale ordinaire et d'un vote à la majorité simple (ou précisez : et les résolutions X et Y de l'assemblée générale extraordinaire requérant le quorum de … et un vote ….).

L'assemblée décide de désigner en plus de son bureau un (ou plusieurs) secrétaire(s) de séance, chargé(s) d'établir le procès-verbal de la séance, un (ou plusieurs) scrutateur(s) chargé d'effectuer le décompte des votes pendant la séance. Le président rappelle que les votes se font à main levée. L'anonymat peut être requis par l'assemblée à la majorité simple.

Le président rappelle l'ordre du jour puis ouvre les débats entre les participants.

RÉSOLUTION 1 (ÉVENTUELLEMENT)
APPROBATION DES COMPTES

Après avoir entendu le rapport de gestion et en avoir délibéré, l'assemblée donne acte aux dirigeants de la sincérité des comptes, de leur régularité et constate que le résultat de l'exercice est bien un (précisez « excédent/insuffisance ») de …..euros. Elle donne plein et entier quitus aux dirigeants de leur gestion des deniers de l'association pour l'exercice …….. (ou sous réserves).

• Première résolution :

    Pour : …. voix
    Contre …. voix
    Nuls et blancs : …... voix
    Abstention : ….. voix
    Total votants : …... voix

L'assemblée générale approuve la résolution.
L'assemblée générale rejette la résolution.

RÉSOLUTION 2 (ÉVENTUELLEMENT)
AFFECTATION DU RÉSULTAT

Après avoir constaté un (précisez : excédent/insuffisance) de ….euros au titre de l'exercice …., l'assemblée décide de l'affecter (précisez selon le cas) :

1. Au report à nouveau, à hauteur de.........euros (précisez le cas échéant)

2. Au fonds associatif, à hauteur de.........euros (précisez le cas échéant)

3. A un compte de réserve désigné....., à hauteur de ....euros (précisez le cas échéant)

4. (Précisez le cas échéant si autre affectation)

• Seconde résolution :

Pour : .... voix
Contre .... voix
Nuls et blancs : .... voix
Abstention : ...... voix
Total votants : .... voix

L'assemblée générale approuve la résolution.
L'assemblée générale rejette la résolution.

RÉSOLUTION 3 (ÉVENTUELLEMENT)
APPROBATION DES RAPPORTS

Après avoir entendu le rapport (précisez : conseil administration, bureau, commissaire aux comptes) et en avoir délibéré, l'assemblée approuve ledit rapport et donne quitus aux (précisez : conseil administration, bureau, commissaire aux comptes) de leur gestion pour l'exercice .....

• Troisième résolution :

Pour : .... voix
Contre .... voix
Nuls et blancs : .... voix

Abstention : ….. voix
Total votants : ….... voix

L'assemblée générale approuve la résolution.
L'assemblée générale rejette la résolution.

RÉSOLUTION 4 DISSOLUTION VOLONTAIRE DE L'ASSOCIATION

L'assemblée constatant que la poursuite des activités associatives est devenue impossible, décide conformément aux dispositions statutaires de procéder à sa dissolution.

• Quatrième résolution :

Pour : …. voix
Contre …. voix
Nuls et blancs : ….... voix
Abstention : ….. voix
Total votants : ….... voix

L'assemblée générale approuve la résolution (sans mentions particulières dans les statuts : à l'unanimité.)
L'assemblée générale rejette la résolution.

RÉSOLUTION 5 LIQUIDATEURS

(Précisez éventuellement « Conformément aux dispositions statutaires ») L'assemblée désigne comme liquidateurs amiables Monsieur/Madame….. et les charge expressément de liquider les actifs de l'association, de régler ses dettes et d'une manière générale de procéder à toute formalité requise en vue de la dissolution et la liquidation de l'association.

A cet effet, l'assemblée annule tous les pouvoirs précédemment donnés auprès de (préciser l'identité du ou des établissements bancaires) et donne pouvoir au(x) liquidateur(s) pour faire fonctionner ces comptes, tant au débit qu'au crédit, réaliser toute valeur détenue auprès de ces établissements et procéder à l'issue des opérations de liquidation à la clôture desdits comptes.

• Cinquième résolution :

Pour : …. voix
Contre …. voix
Nuls et blancs : …... voix
Abstention : ….. voix
Total votants : …... voix

L'assemblée générale approuve la résolution.
L'assemblée générale rejette la résolution.

RÉSOLUTION 6 DÉVOLUTION DE L'ACTIF NET

L'assemblée décide qu'au cas où il serait constaté un boni à l'issue des opérations de liquidation, ce boni sera attribué par voie de don à l'organisme (préciser obligatoirement nom et adresse de l'organisme)

• Cinquième résolution :

Pour : …. voix
Contre …. voix
Nuls et blancs : …... voix
Abstention : ….. voix
Total votants : …... voix

L'assemblée générale approuve la résolution.
L'assemblée générale rejette la résolution.

L'ordre du jour étant épuisé, la séance est levée à ……………(heure).

De la réunion de l'assemblée générale, il a été dressé le présent procès-verbal. Il est signé par le président et le secrétaire de séance.

Certifié conforme aux débats et aux votes par :

Le président   Le secrétaire

MODIFICATION D'UNE ASSOCIATION

titre, objet, siège social, adresse de gestion, dissolution

Loi du 1er juillet 1901, article 5

Ce formulaire vous permet de déclarer différentes modifications de votre association, à savoir son titre, son siège social, son objet, son adresse de gestion ou encore sa dissolution.

Certaines modifications sont considérées comme statutaires car elles concernent des éléments figurant dans les statuts de votre association : le titre, l'objet, le siège social. La dissolution de votre association est considérée comme l'ultime modification de votre association. Seules les modifications statutaires et la dissolution peuvent, si vous le souhaitez, faire l'objet d'une publication au Journal Officiel des Associations et Fondations d'Entreprise (J.O.A.F.E.) mais celle-ci n'est pas obligatoire.

Des dispositions statutaires nouvelles visant, par exemple, à modifier le fonctionnement de l'assemblée générale ou du conseil d'administration, à créer de nouvelles catégories de membres, sont également des modifications statutaires mais n'ont pas vocation à être publiées.

Vous devez joindre à la déclaration de toute modification statutaire un exemplaire des statuts mis à jour et signé par deux au moins des personnes mentionnées sur la liste des dirigeants.

Ce formulaire vous permet également de déclarer la modification de l'adresse de gestion de votre association.

Avant de renseigner ce document, veuillez lire attentivement les informations contenues dans le guide explicatif.

IDENTIFICATION DE L'ASSOCIATION

TITRE ACTUEL DE L'ASSOCIATION :

_____

_____

_____

Numéro de DOSSIER : | W | | | | | | | | | |
(numéro figurant sur le dernier récépissé délivré par l'administration)

Numéro SIREN/SIRET : | | | | | | | | | | | | | | |
(numéro à indiquer lorsqu'il a déjà été attribué)

NATURE DE LA MODIFICATION

VOUS SOUHAITEZ (Veuillez cocher la case correspondante) :

Modifications statutaires publiables au J.O.A.F.E.	Modification non publiable
☐ Modifier le titre de votre association	☐ Modifier l'adresse de gestion de votre association
☐ Modifier l'objet de votre association	
☐ Modifier l'adresse du siège social de votre association	
☐ Dissoudre votre association	

Modifications statutaires non publiables au J.O.A.F.E.

☐ Effectuer une autre modification statutaire

MODIFICATION DU TITRE

ANCIEN TITRE _____
_____
_____

NOUVEAU TITRE _____
_____
_____

MODIFICATION DE L'OBJET

ANCIEN OBJET : _____
_____
_____
_____
_____
_____
_____

Site INTERNET : http:// _____
(facultatif)

NOUVEL OBJET : _____
_____
_____
_____
_____
_____

Site INTERNET : http:// _____
(facultatif)

MODIFICATION DE L'ADRESSE DU SIÈGE SOCIAL

ANCIENNE ADRESSE DU SIEGE SOCIAL

Etage, escalier, appartement   Immeuble, bâtiment, résidence

N°   Extension   Type de voie   Nom de la voie

Lieu-dit ou boîte postale   Code postal   Commune / Localité

NOUVELLE ADRESSE DU SIEGE SOCIAL

Etage, escalier, appartement   Immeuble, bâtiment, résidence

N°   Extension   Type de voie   Nom de la voie

Lieu-dit ou boîte postale   Code postal   Commune / Localité

Veuillez compléter la page suivante ⇨ **2/4**

MODIFICATION DE L'ADRESSE DE GESTION

ANCIENNE ADRESSE DE GESTION

Titre court de l'association :

Chez : ◯ Mme ◯ Mlle ◯ M. Nom : _____ Prénom : _____

_____ _____
Etage, escalier, appartement   Immeuble, bâtiment, résidence

_____
N°   Extension   Type de voie   Nom de la voie

_____
Lieu-dit ou boîte postale   Code postal   Commune / Localité

Téléphone de l'association : _____
(recommandé)

Adresse électronique de l'association : _____
(recommandé)

NOUVELLE ADRESSE DE GESTION

Titre court de l'association :

Chez : ◯ Mme ◯ Mlle ◯ M. Nom : _____ Prénom : _____

_____ _____
Etage, escalier, appartement   Immeuble, bâtiment, résidence

_____
N°   Extension   Type de voie   Nom de la voie

_____
Lieu-dit ou boîte postale   Code postal   Commune / Localité

Téléphone de l'association : _____
(recommandé)

Adresse électronique de l'association : _____
(recommandé)

DISSOLUTION

Date de la décision de l'organe délibérant : _____

PUBLICATION AU JOURNAL OFFICIEL (facultative)

◯ Je demande la publication de l'extrait de cette déclaration au J.O.A.F.E. et m'engage à régler le montant des frais d'insertion.

◯ Je ne souhaite pas que la présente déclaration fasse l'objet d'une publication au J.O.A.F.E.

SIGNATURE DE LA DÉCLARATION

Déclaration établie le : _____ à _____

Nom et qualité du déclarant - Signature

GUIDE EXPLICATIF

A QUI ADRESSER VOTRE DÉCLARATION ?

Cette déclaration est à adresser à la préfecture ou à la sous-préfecture du siège social de votre association. Si votre association a son siège social dans l'arrondissement chef-lieu du département, la déclaration est à adresser à la préfecture.

Si votre association a son siège à Paris, la déclaration est à adresser à la préfecture de police.

MODIFICATION DU TITRE

L'ancien titre de votre association doit être renseigné tel qu'il a été déclaré précédemment et suivi de son sigle s'il en avait un.

Le nouveau titre de votre association doit être renseigné tel qu'il figure dans les statuts, en 250 caractères maximum (caractères de l'alphabet latin uniquement, espaces, signes compris). Il doit être suivi du sigle s'il en existe un. L'utilisation d'un sigle seul n'est pas conseillée.

MODIFICATION DE L'OBJET

L'ancien objet doit être renseigné tel qu'il a été déclaré précédemment.

Le nouvel objet de votre association doit être renseigné tel que vous souhaitez le voir publié au J.O.A.F.E. Il est recommandé de ne pas y faire figurer d'adresse de messagerie contenant des données nominatives personnelles (nom, prénom) car il ne sera pas possible de rendre la publication anonyme après édition et mise en ligne de l'annonce.

La mention du site internet de votre association est facultative. Vous pouvez, si vous le souhaitez, la faire figurer dans le corps de l'annonce qui sera publiée au J.O.A.F.E. La modification de l'adresse du site internet ne fait pas l'objet d'une publication.

MODIFICATION DE L'ADRESSE DU SIÈGE SOCIAL

L'ancienne adresse du siège social doit être renseignée telle qu'elle a été déclarée précédemment.

Dans l'hypothèse où le nouveau siège social de votre association est fixé chez un particulier, il est conseillé de signaler matériellement l'existence de celui-ci sur le lieu de distribution du courrier et d'en informer les services postaux afin d'éviter les cas de retour à l'envoyeur pour adresse inconnue. Lorsque l'association n'est pas propriétaire des locaux, il est prudent de fixer l'adresse du siège social en accord avec le propriétaire des lieux.

MODIFICATION DE L'ADRESSE DE GESTION

L'adresse de gestion n'est pas nécessairement la même que celle du siège social de votre association. Elle sert à la préfecture, à la D.I.L.A. ou encore à toute autre administration de l'État pour entrer en contact avec l'une des personnes en charge de l'administration de votre association. C'est à cette adresse que la D.I.L.A. enverra la facture afférente aux frais de publication de l'annonce de la création de votre association.

L'adresse de gestion est à remplir uniquement si elle est différente de celle du siège social.

L'ancienne adresse de gestion doit être renseignée telle qu'elle a été déclarée précédemment.

Le titre court de l'association doit contenir un maximum de 38 caractères.

Le numéro de téléphone et l'adresse électronique de votre association sont des informations facultatives. Cependant, afin de faciliter les échanges dans le cadre de l'examen de votre demande, il est recommandé de les communiquer à l'administration.

DISSOLUTION

Vous devez joindre un exemplaire de la délibération ayant décidé la dissolution de votre association.

Cette délibération sera signée par la totalité des adhérents présents à l'assemblée générale. Vous joindrez également une enveloppe affranchie au tarif en vigueur (20 grammes) avec l'adresse de gestion de l'association.

PUBLICATION AU J.O.A.F.E.

L'insertion au J.O.A.F.E. des modifications relatives au titre, à l'objet et au siège social de votre association est facultative.

La publication de la dissolution d'une association est également facultative. La redevance dont vous vous êtes acquitté lors de la création de votre association incluant forfaitairement le coût d'insertion au J.O.A.F.E. de la publication de la dissolution de votre association, il est vivement recommandé de procéder à cette publication. La publication au J.O.A.F.E s'effectue sur bulletin papier ainsi que sur le site de consultation dont l'adresse est indiquée ci-dessous.

Si vous optez pour l'insertion au J.O.A.F.E., il conviendra, à réception de votre facture, d'adresser votre règlement à la Direction de l'information légale et administrative située 26 rue Desaix – 75727 PARIS Cedex 15.

Pour tout renseignement concernant la publication de votre annonce, vous pouvez vous rendre sur le site : www.journal-officiel.gouv.fr ou appeler le 01.40.58.77.56.

SIGNATURE DE LA DÉCLARATION

Le signataire de la déclaration doit être l'une des personnes en charge de l'administration de votre association ou le mandataire qu'elle aura désigné. Dans cette hypothèse, le déclarant devra joindre à ce formulaire le mandat portant la signature de l'une des personnes en charge de l'administration de votre association.

PIÈCES A JOINDRE

Quelle que soit la modification déclarée (titre, objet, adresse), vous devez joindre à votre déclaration :
- un exemplaire de la délibération de l'organe délibérant ;
- un exemplaire des statuts de l'association mis à jour et signé par deux au moins des personnes mentionnées sur la liste des dirigeants ;
- une enveloppe affranchie au tarif en vigueur (20 grammes), avec l'adresse de gestion de l'association.

MODÈLES DE COURRIERS

- LETTRE À LA DDCS

- LETTRE À LA BANQUE

- LETTRE AUX PARTENAIRES

- LETTRE À L'ORGANISME BÉNÉFICIAIRE
  DU BONI DE LIQUIDATION

Association XXXX
Association loi 1901 en liquidation
Adresse du siège :

Le liquidateur

                              Direction Départementale
                              de la Cohésion Sociale de ….
                              Adresse de la DDCS

                              Date …. / …. /…., lieu ….

Monsieur le Préfet,

Par une assemblée générale du (préciser la date) (dont procès-verbal ci-joint), l'association XXX a procédé à sa dissolution volontaire.

Nous vous adressons

- Le formulaire CERFA 13972, dûment rempli
- Un exemplaire de la délibération ayant décidé la dissolution de notre association signé et certifié conforme par deux dirigeants de droit de l'association, avec en annexe la feuille d'émargement de la réunion.
- Une enveloppe affranchie au tarif en vigueur avec l'adresse de gestion de l'association.

Nous vous remercions de bien vouloir nous en délivrer récépissé à l'adresse de gestion de l'association (préciser le cas échéant).

Veuillez agréer, Monsieur le Préfet, l'expression de notre respectueuse considération

Le liquidateur

PJ

Association XXXX
Association loi 1901 en liquidation
Adresse du siège :

Le liquidateur

Agence Bancaire
Adresse de la banque

Date .... / .... /...., lieu....

LR + AR

Monsieur,

Par une assemblée générale du (préciser la date) (dont procès-verbal ci-joint), l'association XXX a procédé à sa dissolution volontaire et m'a nommé aux fonctions de liquidateur.

Nous vous demandons, à compter de ce jour (préciser le cas échéant)

• De résilier tous pouvoirs et procurations sur le compte de l'association ouvert dans vos livres,
• Nous déclarer tous avoirs, comptes, compte-titres, va leurs diverses que l'association pourrait détenir auprès de votre établissement,
• Adresser à l'adresse de liquidation et à mon attention tous relevés et documents

Veuillez agréer, Monsieur, l'expression de notre respectueuse considération

Le liquidateur

PJ : un exemplaire de la délibération ayant décidé la dissolution de notre association signé et certifié conforme

Association XXXX
Association loi 1901 en liquidation
Adresse du siège :

Le liquidateur

Organisme partenaire
Adresse de la l'organisme

Date …. / …. /…., lieu ….

LR + AR

Monsieur le Directeur (préciser un autre titre le cas échéant),

Notre association XXXX a procédé à sa dissolution volontaire (préciser éventuellement les raisons) et m'a désigné aux fonctions de liquidateur. Elle m'a également mandaté pour mettre fin aux opérations et activités de l'association.

En conséquence, j'ai le regret de vous informer que notre projet de chantier, partenariat, opération (préciser lequel) est annulé de manière définitive.

Veuillez agréer, Monsieur le Directeur, l'expression de notre respectueuse considération

Le Liquidateur

Association XXXX
Association loi 1901 en liquidation
Adresse du siège :

Le liquidateur

Organisme bénéficiaire
Adresse de la l'organisme

Date …. / …. /…., lieu ….

LR + AR

Monsieur le Directeur (préciser un autre titre le cas échéant),

Notre association XXXX envisage de procéder à sa dissolution (préciser éventuellement les raisons). Il est possible que les opérations de liquidation entraînent un boni. Dans cette hypothèse, conformément à ses statuts, l'assemblée générale de notre association envisage d'attribuer un don à votre organisme YYYY (préciser éventuellement les conditions).

L'organisme YYY n'étant pas membre de notre association, rien ne s'oppose de notre point de vue à ce don. Nous vous remercions de nous préciser par retour que rien dans le statut ou les règlementations applicables à l'organisme YYY ne s'opposerait à ce don et que l'organisme YYY serait en mesure de le recevoir en toute conformité (préciser éventuellement « et de remplir les conditions requises, à savoir…. »).

Veuillez agréer, Monsieur le Directeur, l'expression de notre respectueuse considération

Le Président